LES USAGES RURAUX DU CANTON DE MAYET

PAR

GUSTAVE JOUSSE

EN VENTE : au Mans et à La Flèche, chez tous les Libraires, et dans tous les Bureaux de Tabac des communes du canton de Mayet.

ANGERS
IMPRIMERIE-LIBRAIRIE GERMAIN ET G. GRASSIN
RUE SAINT-LAUD

1886

LES

USAGES RURAUX

DU

CANTON DE MAYET

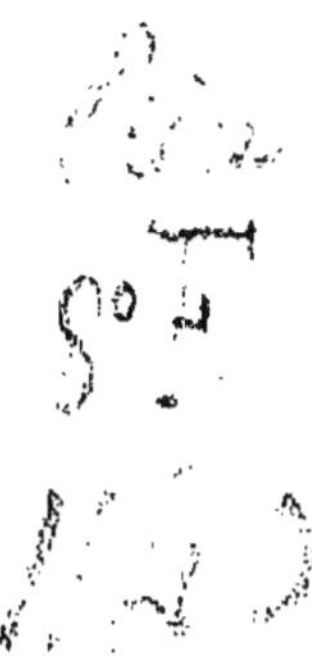

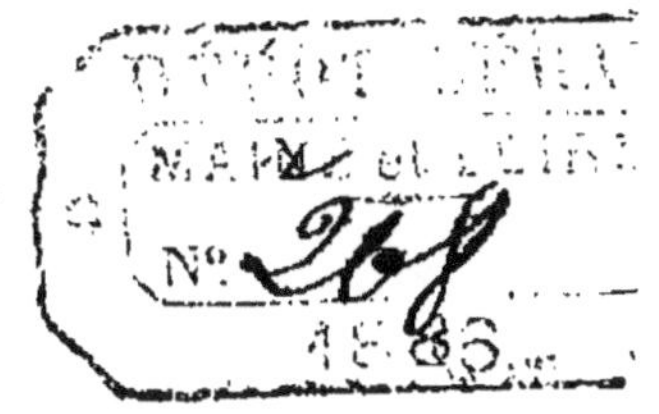

LES

USAGES RURAUX

DU

CANTON DE MAYET

PAR

GUSTAVE JOUSSE

EN VENTE : au Mans et à La Flèche, chez tous les Libraires, et dans tous les Bureaux de Tabac des communes du canton de Mayet.

ANGERS
IMPRIMERIE-LIBRAIRIE GERMAIN ET G. GRASSIN
RUE SAINT-LAUD

1886

PRÉFACE

L'article 1159 du Code civil dit : « Ce qui est *ambigu* s'interprète par ce qui est *d'usage* dans le pays où le contrat est passé. » Et l'article 1160 : « On doit suppléer dans le contrat les clauses qui y sont d'usage, quoiqu'elles n'y soient pas exprimées. »

Or, il existe dans chaque canton, dans chaque commune même, des usages dits locaux qui servent de base, depuis un temps immémorial, à tous les contrats passés entre particuliers.

Mais, il y a peu de temps encore, ces usages n'étaient pas parfaitement définis. Aussi M. le Ministre de l'Intérieur invita-t-il, par une circulaire en date du 26 juillet 1844, MM. les Préfets à consulter les Conseils généraux sur l'opportunité de faire constater et recueillir, dans l'intérêt des services administratifs et des tribunaux, les usages locaux auxquels se réfèrent diverses dispositions législatives.

Le Conseil général de la Sarthe, dans sa session de 1844 se borna à émettre le vœu de la formation d'une commission pour constater les usages ; le projet n'eut pas d'autre suite.

Cependant, par une nouvelle circulaire en date du 5 juillet 1850, M. le Ministre de l'Intérieur ayant invité MM. les Préfets à adresser un exemplaire des usages recueillis et constatés dans leur département, le Conseil général, sur la proposition d'un rapporteur de l'agriculture, s'empressa de prier M. le Préfet de la Sarthe de vouloir bien nommer dans chaque canton une commission qui serait composée du Juge de paix, président, du maire de chaque commune et de cultivateurs choisis parmi les plus capables et les plus âgés.

Pour donner au travail qui allait être fait un caractère d'ensemble et d'uniformité, M le Préfet envoya, à l'avance, aux maires du canton, une série de questions, au nombre desquelles figuraient les suivantes, d'une importance capitale :

1° Quelles sont les obligations du fermier sortant au 1er novembre ?

2° Les obligations du fermier sortant au 1er mai ?

3° Les droits du fermier sortant, soit au 1er mai, soit au 1er novembre ?

4° Les délais pour donner utilement congé en ce qui regarde les maisons d'habitation ?

5° Le mode d'assolement ?

6° Le nombre de journaux qu'il est loisible au fermier d'ensemencer au printemps ?

7° Comment ensemence-t-on les retours ? Peut-on les fumer ?

Les usages relatifs à la vaine pâture et au parcours, au curage des cours d'eau, aux clôtures, aux distances à observer pour les plantations d'arbres, et, enfin, tous les autres usages auxquels la législation donne force de loi en beaucoup de circonstances.

La Commission nommée dans le canton de Mayet se réunit à la Justice de paix, d'abord le 9 juin 1851, puis les 9 et 15 juin 1855, sous la présidence de M. Padeloup, Juge de paix du canton.

Les délégués des communes étaient :

Pour la commune de Mayet : MM. Dupuy, maire ; Droineau, notaire ; Jousse, expert ; Bourgoin, expert ; Dupuy, Michel et Bezard, Pierre, propriétaires.

Pour la commune d'Aubigné : MM. Reffay, maire ; Rondeau-Dunoyer et Loiseau, propriétaires.

Pour la commune de Coulongé : MM. Martineau, père, propriétaire ; Martineau, fils, propriétaire ; Martineau, des Aiguebelles et Éveilleau, expert.

Pour la commune de Lavernat : MM. Papin, père, expert ; Papin-Heurteloup, propriétaire ; et Épinay, propriétaire.

Pour la commune de Sarcé : MM. Martineau, ancien maire ; Bordet, Victor ; Gouffray, du Prieuré et Souchu, de La Cour.

Pour la commune de Vaas : MM Hériveau, fermier, et Durand, propriétaire.

Pour la commune de Verneil-le-Chétif : MM. Pautonnier, maire ; Marc de Beauveau, Bardet, du Frêne, Gouffray et Maubert.

La Commission répondit à toutes les questions citées plus haut et dressa un procès-verbal de ses séances. Nous avons consulté ce document aux archives de la Justice de paix de Mayet et, grâce à l'amabilité de M. le Juge de paix, nous avons pu prendre des notes pour nous guider dans notre travail.

Mais nous avons été frappé des changements survenus dans les usages, surtout en ce qui concerne les assolements. Cependant il nous a paru impossible de faire aucune modification. Nous avons donc accepté les usages tels qu'ils ont été déterminés par la Commission officielle.

Suivant la méthode adoptée par MM. Robert et Gasté, avocats à la Cour d'appel d'Angers, et auteurs d'un *Dictionnaire des usages ruraux et urbains* (1) des départements de la Sarthe, de la Mayenne et de Maine-et-Loire, nous avons classé nos *usages* par ordre alphabétique et sous la forme d'un dictionnaire. Cela évitera des recherches.

Nous tenons à remercier ici MM. Robert et Gasté, qui ont bien voulu nous autoriser à puiser dans leur excellent livre des renseigne-

(1) Cet ouvrage est complètement épuisé.

ments que nous n'avons pas trouvés dans les procès-verbaux de la Commission officielle et que ces deux auteurs s'étaient procurés après une tâche longue et ingrate.

Notre travail n'est donc, pour ainsi dire, qu'une répétition de leur publication dont l'édition a été trop tôt épuisée et qui, malheureusement, n'était pas à la portée de toutes les bourses.

Nous espérons que notre modeste ouvrage sera bientôt entre les mains de tous les intéressés du canton de Mayet. Puisse-t-il rendre des services aux cultivateurs et éviter les différends qui s'élèvent entre voisins ne connaissant pas leurs droits réciproques !

Ce 27 avril 1886.

GUSTAVE JOUSSE.

LES

USAGES RURAUX

DU CANTON DE MAYET

A

Abattage d'arbres. — Le propriétaire a le droit d'abattre tous les arbres à haute tige, propres à la construction, sans autre indemnité pour le fermier que la réparation, due en tout cas, des dommages occasionnés aux clôtures et aux récoltes par la chute des arbres.

Abeilles. — « Le propriétaire d'un essaim a le « droit de le réclamer et de s'en ressaisir tant qu'il n'a « pas cessé de le poursuivre ; autrement l'essaim « appartient au propriétaire du terrain sur lequel il « est fixé. » (Loi du 28 septembre et 6 octobre 1791, art. 5.)

En cas de bail d'abeilles, si l'essaim meurt, le panier revient à celui qui l'a fourni, et les gâteaux se partagent.

Ajoncs. — La coupe des ajoncs se fait à l'âge de 4 ans et cela au cours de l'hiver.

Arbres (à basses tiges). — Les arbres à basses tiges sont le coudrier, le sureau, le lilas, le genêt, le laurier, et tous les arbustes de décoration ; les fruitiers en espaliers, pyramides, quenouilles et buissons ; les charmilles, les vignes, les bois taillis (sauf les baliveaux), les souches et les sapins jusqu'à l'âge de 6 ans.

La plantation des arbres à basses tiges est permise à moins de 50 centimètres, si les héritages sont séparés par un mur mitoyen ou appartenant à celui qui plante.

Tout propriétaire ou co-propriétaire d'un mur peut planter des cordons de vigne, des arbres en espaliers ou en éventails, des fruitiers nains et autres arbres de basse tige, sans observer d'autres distances que l'épaisseur du mur.

Ces principes sont même admis, ne s'agirait-il que d'un palis ou carrelis.

La distance légale doit être observée, dans le cas de non-mitoyenneté.

Les arbres à hautes tiges sont tous ceux qui ne sont pas entrés dans l'énumération précédente.

Leur plantation se fait à 2 mètres, et cette distance est exigée jusqu'à la prescription trentenaire.

Cette distance se mesure à partir de l'écorce.

S'il s'agit de plantations d'arbres à hautes tiges le long de ruisseaux ayant moins de 2 mètres de largeur, aucune distance n'est exigée.

Arbres fruitiers. — Le bêchage au pied des arbres fruitiers doit se faire deux fois par an, en mai et en août.

Le fermier est tenu de protéger les fruitiers avec des pieux et des épines, et à enlever chaque année, avant la sève, les gourmands et rejets.

De plus le gui et autres plantes parasites doivent être détruits au cours de l'automne et de l'hiver.

Les fermiers et colons doivent, sans stipulation aucune, greffer les arbres fruitiers plantés par eux ou par le propriétaire.

La greffe se fait après la 3e année de plantation.

Les plantations sont complètement interdites au fermier.

Assolement. — Il est triennal (1).

B

Bail de brebis. — Le propriétaire fournit la souche, dont la laine appartient au fermier ; le croît se partage.

Bail verbal. — Le bail d'une maison ou d'une portion de maison est censé fait pour un an. Ce bail se renouvelle de plein droit par la tacite reconduction.

Le bail d'une maison meublée se fait au mois.

---

(1) Nous n'insisterons pas sur l'assolement. A notre avis, les assolements relevés par les commissions cantonales ne doivent plus faire loi. Les progrès de l'agriculture se sont fort étendus et on doit laisser une large place aux sages innovations qu'on ne saurait trop encourager. Nous ne citons donc ici l'assolement triennal que pour la forme et sans y attacher une importance capitale.

Pour les bordages, closeries et fermes le bail verbal est d'autant d'années qu'il y a de soles ou cotaisons. Pour les prés et vignes, il est d'un an.

Le bail verbal des courtils et terres volantes, si l'assolement y est régulier, est d'autant d'années qu'il y a de cotaisons, sinon il est d'un an.

Balles. — Les balles d'avoine sont au sortant, les autres restent à l'entrant au 1er novembre.

Les balles doivent se consommer sur place. Elles ne doivent pas être enlevées ni vendues, sauf les balles d'avoine.

Battage de grains. — Il est à la charge du sortant qui doit faire tous les travaux de l'arrière récolte, même en cas de partage.

Le sortant au 1er novembre doit battre ses grains avant sa sortie. Cependant, en cas de mauvais temps ou de force majeure, on accorde une tolérance de 15 jours.

Bestiaux. — Ils doivent être en quantité et qualité suffisantes pour assurer la bonne exploitation du lieu et répondre du fermage.

Bois de chauffage. — Il n'est pas dû par le propriétaire au fermier.

Lorsqu'on abat du bois, les bûcherons sont tenus à réparer les talus.

Bois taillable.—Sur les haies et dans les chaintres, le bois dur doit se couper à 7 ans et le bois blanc à 6 ans.

Le bois des haies d'ajoncs ou de genêts se coupe à 4 ans.

Pour les haies mitoyennes, la coupe du bois se fait à l'âge indiqué pour les haies des champs ordinaires.

Les ronces et les épines des haies et des chaintres se coupent en même temps que le bois taillable. Celles qui poussent dans les champs doivent être détruites au moment des labours.

Les ronces et les épines appartiennent au fermier.

Dans le canton de Mayet, le fermier peut émonder à son profit les aulnes, léards et sapins et les peupliers.

Lorsque le fermier fait les coupes, il doit laisser des baliveaux. Le nombre n'en est pas déterminé, mais tous ceux de belle venue doivent être conservés.

La coupe doit se faire du 1er décembre au 1er mars, et la vidange doit être terminée le 15 avril.

Le sortant au 1er novembre a la coupe de l'hiver qui précède la sortie. L'entrant a la coupe de l'hiver qui suit.

Le sortant au 1er mai ou à Pâques a la coupe d'hiver qui précède la sortie.

Le fermier n'est pas obligé de consommer sur place la part qui lui est attribuée.

L'écorçage est défendu. On ne doit pas faire du charbon avec le bois des haies et souches.

Les coupes avancées ou retardées sont interdites.

La coupe des bois taillis se fait à 7, 9 et 11 ans.

Pour les bois vendus au stère, et les fagots et bourrées, la coupe se fait du 1er décembre au 1er avril, et la vidange a lieu au 15 avril.

L'introduction des voitures dans les taillis est tolérée.

Il est permis au fermier de prendre les feuilles vertes des ormeaux et des coudriers, en se conformant aux règles de l'érussage. Il peut aussi enlever les glands et les faînes.

Bornage. — Le bornage se fait par le juge de paix ou à l'amiable par les parties.

Boucs et chèvres. — L'élevage des boucs et des chèvres est autorisé, mais le fermier est responsable des dommages qu'ils peuvent causer.

Bruyères. — La coupe des bruyères se fait pendant l'hiver. On s'en sert comme litières ou comme engrais, mais il est interdit d'en brûler même pour les besoins du ménage.

L'enlèvement et la vente des bruyères sont interdits au fermier, mais le sortant peut en user jusqu'à sa sortie.

L'entrant ne peut ramasser les bruyères qu'après la sortie de son prédécesseur.

C

Cendres. — Le fermier peut disposer des cendres comme il l'entend, quelle que soit la provenance du bois. Toutefois les cendres provenant de l'écobuage restent sur les lieux.

Chaintres. — Le fermier est autorisé à cultiver les chaintres, mais il doit prendre des précautions pour ne pas nuire aux arbres.

Chanvre. — Le fermier sortant doit employer les égrettes à faire des litières ou comme engrais sur le lieu. Toutefois il lui est aussi permis de les brûler.

Le sortant peut emporter son chanvre non broyé,

Charrées. — Elles sont la propriété absolue du fermier. Il a le droit de les vendre et même de les enlever à sa sortie.

Charrois. — Le fermier n'est tenu à aucun charroi gratuit à l'égard de son propriétaire, à moins que des conventions spéciales ne l'y obligent. Il n'est point également obligé d'approcher sans rétribution les matériaux nécessaires aux réparations.

Chaumes. — L'entrant fauche le chaume et le ramasse. Ce chaume doit avoir un tiers de la hauteur du blé.

Chevaux. — Les chevaux de louage doivent être rendus avant dix heures du soir. Au cas contraire, une indemnité est due au maître des chevaux.

La règle ci-dessus ne s'applique pas aux chevaux employés aux travaux agricoles; on rend ces derniers à la chute du jour.

Choux verts. — Le sortant doit laisser à l'entrant 100 choux par 44 ares ensemencés en gros blé.

L'entrant au 1er mai peut planter des choux verts avant son entrée, mais il lui faut la permission du sortant.

Clos à chanvre. — Au cas où le sortant les ensemence en blé dans la dernière année, la récolte se partage, après prélèvement des semences.

Si le clos est ensemencé en trèfle après grain, une indemnité est due par le sortant.

Clôtures. — L'entretien des clôtures incombe au fermier.

***

Congé. Délais pour les maisons d'habitation. — Pour un loyer de 50 francs et au-dessous, 3 mois.

Pour un loyer de 50 fr. à 100 fr., 6 mois;

Pour un loyer au-dessus de 100 fr., 1 an.

Contributions. — Les contributions foncières, autres que celles des portes et fenêtres, sont à la charge du fermier, à moins de convention contraire.

En principe, le fermier doit les contributions depuis son entrée en jouissance jusqu'à sa sortie.

Coupages.—L'entrant au 1er novembre peut semer des coupages avant son entrée si le fermier sortant veut bien l'autoriser.

Cour commune. — Les dépôts permanents dans les cours communes sont interdits, à moins de nécessité absolue.

Cours d'eau. — Le curage des cours d'eau regarde le propriétaire. Les boues appartiennent aux riverains et sont employées comme engrais.

Lorsqu'un ruisseau coule plus de six mois par an, l'existence d'un talus ou d'une haie suffit, si l'on n'a point de titre, pour prouver la propriété de ce ruisseau, à condition toutefois que le riverain n'ait fait aucun acte de possession.

D

Deuil. — Les vêtements de deuil, dès qu'ils sont donnés, deviennent, quoi qu'il arrive, la propriété absolue des domestiques.

Domestiques. (Désistement). — Lorsque le désistement a lieu avant le 1er juin, le maître perd ses arrhes, et le domestique est tenu à une indemnité du double des arrhes.

Si le désistement se produit après la date précitée, il faut, en outre, ajouter un douzième des gages de l'année.

Dans le cas où le désistement aurait lieu au cours du louage, c'est au juge de paix d'apprécier le montant de l'indemnité.

La durée du louage est de 1 an à partir du 24 juin.

Le contrat n'est définitivement arrêté que lorsque le domestique a reçu du maître des arrhes ou Denier-à-Dieu. Jusque-là, chacune des parties est parfaitement libre de ne donner aucune suite au projet.

L'entrée chez le maître a lieu ordinairement le soir du jour où commence l'engagement.

Si le domestique a perdu des journées au cours de son louage, il ne peut les rendre en nature. On lui fait subir à la fin de son temps une retenue proportionnelle.

Dans le cas où le maître est obligé de prendre un homme de journée pour remplacer le domestique, ce dernier doit supporter toute la dépense.

Le maître doit le blanchissage, mais seulement quand il fait la lessive. Et encore, dans le canton de Mayet, ce blanchissage n'est dû qu'au cas de convention expresse.

Le maître n'est pas tenu de faire raccommoder le linge.

Le nouveau maître n'est tenu à rien envers l'ancien.

Les gages sont payés à l'expiration de l'année de louage.

Les domestiques doivent tout leur temps au maître.

Les dimanches et fêtes gardées, ils doivent vaquer aux soins des bestiaux et du ménage et faire tous les travaux reconnus urgents.

Les règles qui concernent les ouvriers des usines ne sont pas tout à fait semblables à celles qui régissent les domestiques ruraux.

Toutefois, en cas d'engagement rompu pouvant causer préjudice, une indemnité serait due par la partie reconnue en défaut.

Pour les domestiques loués seulement pour le temps de la moisson, les règles des domestiques ordinaires leur sont applicables.

Il en est de même pour les bergers, pâtres et pâtours.

Les domestiques attachés à la personne et qui ont perdu des journées peuvent les rendre en nature ou en argent.

Résiliation. — Si le domestique a reçu des arrhes et que le maître résilie, il les perd ; si la résiliation vient du domestique, il les rend doubles. (Résiliation avant l'exécution du louage.)

Dans le cas de résiliation pendant le louage, en principe, aucune indemnité n'est due de part et d'autre. Le domestique est payé proportionnellement à la durée de ses services.

E

Echenillage. — L'échenillage est, même sans stipulation spéciale, à la charge des fermiers.

Ecobuage. — L'écobuage est permis aux fermiers.

Ecuries et étables. — Si l'on veut élever près d'un mur mitoyen ou non une écurie ou une étable il faut que le contre-mur garantisse le voisin de tout dommage.

Les mangeoires et râteliers sont censés appartenir au propriétaire comme immeubles par destination. Cependant, il y a des exceptions. Dans le cas où l'on peut les détacher sans rien détériorer, on les laisse au fermier.

Le nettoiement des écuries et des étables est à la charge du fermier sortant jusqu'au jour de la sortie.

Elagage. — L'élagage n'est à la charge du fermier que pour les haies et pour les arbres qui se taillent périodiquement et dont les émondes lui appartiennent.

Pour les arbres à haute tige non taillables et pour les fruitiers, l'élagage est à la charge du propriétaire.

Engrais. — En règle générale, tous les engrais qui sont faits sur la ferme doivent y être employés. Le fermier ne peut ni les vendre ni les enlever à sa sortie.

En retour, et sans stipulation contraire, il n'est pas tenu d'en acheter.

Les fumiers d'étable sont employés pour les gros grains.

Dans le canton de Mayet, les engrais du lieu ne peuvent servir qu'à l'ensemencement des gros grains et de certaines plantes printanières. Après l'ensemencé desdites céréales, le sortant doit laisser tous les engrais sur le lieu.

Pour les terres volantes, la fumure est de 10 mètres cubes par hectare.

Qu'il s'agisse de terres volantes ou de lieux composés, on ne doit faire, sur le même fumier, plus de deux récoltes en grains qui arrivent à maturité.

L'indemnité due à raison de la fumure se règle par expert, à la visite et montrée.

Le fermier d'un lieu composé, expulsé à la fin de l'année où il a fumé, n'a droit à aucune indemnité.

Ensemencement. — Le sortant au 1er novembre doit faire l'ensemencement des gros blés la dernière année.

Si la jouissance finit en mars, à Pâques ou au 1er mai, l'ensemencement est toujours fait par le sortant.

L'ensemencement des gros blés devrait être terminé le 1er novembre, mais, par tolérance et par cause de mauvais temps, on accorde jusqu'au 15.

Le sortant au 1er mai ensemence tous les menus grains. Il va de soi que le sortant au 1er novembre ne doit pas les ensemencer ; c'est l'entrant à cette époque qui doit faire les menus grains au printemps suivant.

Cet ensemencement a lieu du 30 mars au 30 avril.

Pour les blés retours, l'ensemencement se fait en octobre par le sortant au 1er novembre.

Erussage. — L'érussage de l'orme et du coudrier est permis au fermier qui ne peut le céder pour les terres volantes.

L'érussage doit se faire à la main et sans aide d'instrument. On ne doit pas briser les branches et il faut laisser la pointe de chaque branche intacte et garnie de ses feuilles.

F

Feuilles sèches. — Le fermier peut les ramasser dès qu'elles sont tombées, excepté dans les bois taillis qui lui sont affermés.

Foins. — Le sortant au 1er mai laisse 50 kil. de foin par 44 ares de guérets, et le sortant au 1er novembre laisse les deux tiers du foin de la dernière récolte et la totalité des vieux.

Dans les prairies non closes, l'enlèvement des foins doit être terminé le 22 août. Il peut commencer le 22 juillet.

Les frais de fauchage et de fanage sont supportés par le sortant, qui se trouve sur les lieux lorsque ces travaux doivent être accomplis.

Le transport des foins à la ferme et la mise en meule sont à la charge du fermier. Ces deux opérations doivent se faire par un temps convenable.

La graine de foin tombée dans les greniers appartient à l'entrant. Il doit l'employer sur la ferme.

Fosse à fumier. — Il n'y a pas d'épaisseur déterminée pour le contre-mur quand l'on veut établir une fosse près d'un mur mitoyen ou non, mais il doit avoir une épaisseur et une hauteur qui empêchent tout dégât et toute infiltration.

Fossés. — Le relit doit avoir 17 centimètres. La largeur n'est pas fixée.

La jouissance du relit est réservée au propriétaire du fossé, mais, pour en jouir, il n'a pas le droit de passer sur la propriété du voisin.

On peut clore l'extrémité du fossé du voisin avec des limandes. Les fossés doivent être réparés aussi souvent que besoin est et à chaque coupe de haie.

Fosses d'aisances (voir fosse à fumier).

Fourrages. — Le sortant ne peut emporter les fourrages qu'il n'a pu faire consommer en nature.

Fours. — Les cendres provenant des fours appartiennent à celui qui a fourni le bois pour chauffer le four.

Fruits. — Lorsque les branches des arbres fruitiers s'étendent sur la propriété du voisin, le propriétaire partage avec le possesseur de l'arbre les fruits tombés sur son fonds. Les fruits cueillis sont aussi partagés.

Dans le cas où les arbres fruitiers se trouveraient dans des récoltes qui se partagent, les fruits appartiennent à l'entrant.

G

Glanage. Grapillage. — Un arrêté préfectoral du 1er juillet 1817 règle l'exercice de ces droits dans le département de la Sarthe.

H

Haies sèches — Les haies sèches établies sur la ligne même de séparation de deux héritages sont mitoyennes.

Haies vives. — La haie appartient en entier au propriétaire du terrain du côté duquel elle se trouve, quand il y a haie et fossé.

Les haies sans fossé sont réputées mutuelles.

Les haies avec deux fossés sont censées mitoyennes.

Il faut donc, quand on veut détruire des haies, le consentement mutuel. Pour la coupe et la hauteur des haies, il n'y a pas de règle fixe.

Les haies doivent être réparées à chaque coupe de bois taillable.

J

Jardins. — Le sortant au 1er mai ou à Pâques doit permettre à son successeur de semer ou planter ses légumes, dans les parties disponibles du jardin, et cela un mois avant l'entrée de ce dernier.

Le sortant, non jardinier, ne peut enlever les plantations faites par lui.

L

Labours. — L'entrant au 1er mai peut, dès le 1er janvier précédent, faire les guérets pour l'ensemencement des chanvres et pommes de terre.

Loges. — S'il n'y a preuve contraire, les loges sont réputées appartenir au fermier.

M

Marc. — Il appartient au fermier qui a récolté. Il peut l'emporter ou le vendre.

Marnage. — Le marnage est autorisé, sans convention expresse.

Mesurage. — Les frais de mesurage sont à la charge du vendeur; mais ils sont à la charge du sortant pour les produits partagés avec l'entrant.

Mitoyenneté des arbres. — L'arbre est mitoyen dès que le pied touche la ligne séparative de la propriété contiguë.

Mobilier. — Le mobilier des fermiers doit toujours avoir une importance suffisante pour assurer la bonne exploitation et garantir les droits du propriétaire.

Moutons. — Le pacage des moutons est permis, sans stipulation spéciale, dans les bois taillis; mais le sortant ne peut, sans convention expresse, faire paître les moutons dans les prairies artificielles du dernier printemps.

O

Oies. — La dernière année du bail, si le propriétaire n'en a pas donné l'autorisation, on ne peut faire pacager les oies dans les jeunes trèfles, sainfoins et luzernes.

Osiers. — La dernière année de bail, le sortant peut couper les osiers, sauf le cas où il en a trouvé en entrant.

Ouvriers journaliers. — Le journalier qui a perdu quelques journées subit une retenue proportionnelle à l'expiration du temps pour lequel il a loué ses services.

P

Pacage. — Le sortant au 1er novembre peut, jusqu'à sa sortie, faire pacager regains, prairies artificielles, champs dont il a enlevé la récolte, vieilles herbes et pâturages.

Pailles. — Le sortant au 1er novembre laisse toutes les pailles, même quand il n'a pas récolté de foin. Le sortant au 1er mai laisse à son successeur 50 kilog. de paille par 44 ares de guéret.

Le sortant embarge ou engrange les pailles de la récolte qui précède la sortie. C'est l'entrant qui a cette charge pour celles de la récolte qui suit.

Partage des grains. — Le fermier qui a semé les grains avant son départ (sans considérer la date de sortie) vient en faire la récolte, qu'il partage après avoir prélevé les semences.

Passage. — La largeur pour les droits de passage est : 3 mètres pour passage de charrette ; 2 mètres pour bestiaux ; 1 mètre pour passage pour gens de pied ou avec civière.

Pépinières. — Pour faire une pépinière, il faut le consentement écrit du propriétaire.

Pesage. — Les frais de pesage sont à la charge du vendeur.

Plantes fourragères. — Le sortant au 1er novembre a le droit d'ensemencer les plantes fourragères au mois de mars qui précède sa sortie ; il se conforme à l'assolement.

Plantes printanières. — Le sortant au 1er mai peut, dès le 1er janvier, faire les guérets pour l'ensemencement des chanvres et des pommes de terre. Il peut fumer avec les engrais du lieu.

Pommes de terre. — Le sortant peut enlever les pommes de terre qu'il a cueillies.

L'enlèvement des pommes de terre doit avoir lieu avant le 1er novembre, pour les terres détachées.

Les rameaux verts appartiennent au fermier qui est sur le lieu. Les rameaux secs sont à l'entrant.

Prairies artificielles. — L'entrant ne peut en semer sans devoir une indemnité au sortant.

Dans l'année qui précède la sortie, le sortant peut consommer le produit de toutes les prairies artificielles.

Prairies et prés naturels. — Le fermier doit curer les sangsues et rigolles avant le 1er mars.

Le fermier est obligé d'épiner et d'étaupiner les prairies, abaisser les buttes, détruire les fourmilières, afin que ces prairies soient toujours à faulx courante.

Le fermier, à moins de convention contraire, n'est pas tenu de fumer les prairies et les prés.

Pressoir. — Dans le cas où le sortant n'aurait pu tirer son vin avant le 1er novembre, date de sa sortie, on lui donne 15 jours pour le faire avant son successeur ; mais il n'a pas cette faculté pour le cidre et le petit cidre.

Prestations. — Dans sa session du mois d'août 1884, le Conseil général de la Sarthe a fixé le tarif du rachat des prestations comme suit :

Journée	d'homme........	1 fr.	85
—	de cheval ou mulet.	3	40
—	de bœuf..........	1	70
—	d'âne............	1	30
—	de voiture........	1	50
—	de voiture à âne...	1	»

Puits. — La corde des puits est fournie et entretenue par les fermiers et les locataires. Ils peuvent l'enlever à leur sortie.

La chaîne et la main de fer sont fournies par le propriétaire, mais l'entretien et l'usure restent à la charge du fermier.

Si le puits est commun, ces différents objets sont entretenus par les ayants droit.

R

Récolte. — Les frais de la récolte sont partagés par moitié, quelle que soit l'époque de rentrée. Les gerbes sont charroyées par le fermier entrant.

Regains. — Le sortant ne peut couper les regains, mais il peut les faire pacager.

Réparations locatives. — Le fermier ou locataire doit :

Le pavage intérieur et extérieur des fourneaux de cuisine et autres, fournis par le propriétaire ;

Le scellement des réchaux et leur remplacement, quand ils sont cassés ou brûlés ;

Le récrépiment à toute hauteur de la partie de la cuisine où se met le bois ;

Le ramonage des cheminées ;

Il doit réparer l'aire et l'ouverture des fours, les mangeoires des écuries, les pavés des mangeoires et les barreaux des râteliers, les auges de pierre cassées ou écornées, les barrières, mains de fer et chaînes des puits ; le piston, la tringle et le balancier des pompes ; les tournants et travaillants des moulins, les vans et ustensiles apportés par le propriétaire.

Aucune réparation (sauf pour les moulins) n'est à la charge du fermier lorsqu'elle n'est occasionnée que par vétusté.

Retours. — Le fermier ne peut, la dernière année, fumer les retours aux dépens des autres récoltes.

S

Sainfoin. — Le fermier a la faculté de disposer d'une portion de terre labourable pour y ensemencer un sainfoin permanent, sauf à rétablir l'assolement avant sa sortie.

Il est permis au sortant de faire consommer tous les sainfoins avant sa sortie.

Sapinières. — Le premier éclaircissement des sapinières se fait à l'âge de 6 ou 7 ans. On ne peut y faire pacager qu'après 10 ans. Le fermier garde les émondes et laisse quatre couronnes et le bouquet. Les sapinettes sont considérées comme litières.

Sarclage. — Le sortant au 1er novembre doit sarcler les blés qu'il est tenu de partager avec son successeur. Ce travail se fait avant la floraison. Au printemps, le fermier est obligé d'arracher les herbes qui poussent dans les pommes de terre, maïs, etc.

Le sortant au 1er mai ne doit pas le sarclage des blés.

Semences. — Les grains destinés à la semence sont choisis, sur le lieu, parmi les meilleurs et fournis par le fermier qui doit faire l'ensemencement. Ils sont mesurés ras le fût ; de même, lors du prélèvement.

Le sortant prélève, avant partage, par hectare de terre ensemencée :

1 hectol. 20 litres de seigle ;
1 hectol. 60 litres de froment ;
1 hectol. 20 litres d'orge ;
1 hectol. 40 litres d'avoine.

Sortie des fermiers ou locataires. — Le sortant doit remettre les clefs le jour de la sortie.

Souches. — Les souches sont considérées comme basse tige. Le bois qu'elles produisent est du bois taillable.

T

Taupinières. — La destruction des taupinières est obligatoire dans les champs et jardins.

Terres détachées ou volantes. — Les pailles des

terres détachées appartiennent à la ferme ou au bordage qui a fourni les engrais.

Toute pièce de terre détachée, s'il n'y a preuve contraire, est présumée avoir été prise sans paille ni engrais.

Les terres détachées ne sont pas soumises à l'assolement.

Le fermier est obligé de les fumer pour y ensemencer les gros blés.

Il suit les règles générales pour la coupe des bois et la réparation des haies et fossés.

Quant aux contributions, le fermier ne les paie pas, à moins de conventions expresses.

Tour d'échelle. — Le tour d'échelle étant une servitude discontinue, ne peut plus être établie que par titre.

Si la servitude du tour d'échelle n'existe pas, le voisin est tenu néanmoins de supporter le passage des ouvriers et des matériaux, mais il lui est dû une indemnité.

S'il n'y a pas d'explication dans le titre, la largeur du tour d'échelle est *d'un mètre.*

Trèfles. — Les trèfles des terres détachées appartiennent à la ferme ou bordage qui a fourni les engrais et doivent y être amenés.

V

Vaine pâture. — Ce droit n'existe pas.

Vente de denrées. — Les boissons et l'huile à manger se goûtent avant l'achat,

Vigne. — Les fermiers doivent tailler les vignes, les bécher, étendre les mottes, provigner, fumer les provins. Les droits de passage s'exercent par des sentiers à pied.

De plus, ils doivent tailler les cordons de vignes des treilles et des tonnelles.

Visite et montrée. — La visite et montrée sont faites par experts choisis ou désignés d'office, en présence du propriétaire ou locataire sortant et du locataire entrant. Chaque partie supporte la moitié des frais.

La visite se fait dans le délai d'un an, à la réquisition de l'une ou de l'autre des parties.

Les visites qui pourraient être faites au cours du bail à la réquisition du propriétaire sont à la charge de la partie qui succombe.

Voitures. — Le locataire d'une voiture pour le transport des personnes doit la rendre avant dix heures du soir ; si c'est une charrette ou une voiture de campagne, le rendement se fait au coucher du soleil. En cas de retard, le locataire paie un supplément.

TABLE DES MATIÈRES

Préface.............. 5

A

Abattage d'arbres..... 11
Abeilles.............. 11
Ajoncs............... 12
Arbres (à basses tiges et à hautes tiges)... 12
Arbres fruitiers....... 12
Assolement 13

B

Bail de brebis........ 13
Bail verbal........... 13
Balles............... 14
Battage de grains..... 14
Bestiaux 14
Bois de chauffage..... 14
Bois taillable......... 14
Bornage 16
Boucs et chèvres..... 16
Bruyères............. 16

C

Cendres.............. 16
Chaintres 16
Chanvre.............. 16
Charrées............. 17
Charrois 17
Chaumes............. 17
Chevaux............. 17
Choux verts.......... 17
Clos à chanvre....... 17
Clôtures 17
Congé; délais pour les maisons d'habitation. 18
Contributions......... 18
Coupages 18
Cour commune 18
Cours d'eau.......... 18

D

Deuil 18
Domestiques 19

E

Echenillage 20
Ecobuage 20
Ecuries et étables..... 21
Elagage.............. 21
Engrais 21
Ensemencement...... 22
Erussage............. 22

F

Feuilles sèches....... 23
Foins................ 23
Fosse à fumier....... 23
Fossés............... 23
Fosses d'aisances..... 24
Fourrages............ 24
Fours................ 24
Fruits................ 24

G

Glanage. Grapillage... 24

H

Haies sèches......... 24
Haies vives.......... 25

J

Jardins.............. 25

L

Labours.............. 25
Loges................ 25

M

Marc................. 25
Marnage.............. 26
Mesurage............. 26
Mitoyenneté des arbres 26
Mobilier............. 26
Moutons.............. 26

O

Oies................. 26
Osiers............... 26
Ouvriers-journaliers.. 26

P

Pacage............... 27
Pailles.............. 27
Partage des grains.... 27
Passage.............. 27
Pépinières........... 27
Pesage............... 27
Plantes fourragères... 27
Plantes printanières.. 28
Pommes de terre...... 28
Prairies artificielles... 28
Prairies et prés naturels 28
Pressoir............. 28
Prestations.......... 29
Puits................ 29

R

Récolte.............. 29
Regains.............. 29
Réparations locatives. 29
Retours.............. 30

S

Sainfoin............. 30
Sapinières........... 30
Sarclage............. 31
Semences............. 31
Sortie des fermiers ou locataires.......... 31
Souches.............. 31

T

Taupinières.......... 31
Terres détachées ou volantes.......... 31
Tour d'échelle....... 32
Trèfles.............. 32

V

Vaine pâture......... 32
Vente de denrées..... 32
Vigne................ 33
Visite et montrée..... 33
Voitures............. 33

Angers, imp. Germain et G. Grassin. — 1096-86.

DU MÊME AUTEUR

Vive la France! (nouvelles patriotiques), 1 vol. in-18.. **2** fr.

Les Usages Ruraux du canton de La Flèche. **1** fr.

POUR PARAITRE PROCHAINEMENT

EN PRÉPARATION

Les Usages Ruraux du canton du Lude.

Les Usages Ruraux du canton de Pontvallain.

Les Usages Ruraux du canton de Malicorne.

www.ingramcontent.com/pod-product-compliance
Lightning Source LLC
LaVergne TN
LVHW020256230826
846091LV00006B/2438